AF388652

COLLECTION HENRI ROUART

(3e VENTE)

TABLEAUX ANCIENS

ET MODERNES

Aquarelles et Dessins

DÉPENDANT DES

Collections de M. HENRI ROUART

Et dont la Vente, par suite de son Décès, aura lieu à Paris

HOTEL DROUOT, SALLE N° 6

LES LUNDI 21 ET MARDI 22 AVRIL 1913

A deux heures précises

COMMISSAIRES-PRISEURS

Mᵉ F. LAIR-DUBREUIL | Mᵉ HENRI BAUDOIN
6, rue Favart | *Successeur de M. Paul CHEVALLIER*
PARIS | 10, rue de la Grange-Batelière

EXPERTS

MM. DURAND-RUEL & FILS | M. HECTOR BRAME
16, rue Laffitte | 2, rue Laffitte

EXPOSITIONS

PARTICULIÈRE : *Samedi 19 Avril 1913, salles 5 et 6* } DE 1 HEURE 1/2
PUBLIQUE : *Dimanche 20 Avril 1913, salles 5 et 6* } A 6 HEURES.

CONDITIONS DE LA VENTE

Elle sera faite au comptant.

Les adjudicataires paieront *dix pour cent* en sus des enchères.

L'exposition mettant le public à même de se rendre compte de l'état et de la nature des Tableaux et Dessins, il ne sera admis aucune réclamation une fois l'adjudication prononcée.

ORDRE DES VACATIONS

Le Lundi 21 Avril 1913

Numéros pairs (Tableaux et Dessins).

Le Mardi 22 Avril 1913

Numéros impairs (Tableaux et Dessins).

Paris. — Imp. de l'Art, Ch. Berger, 41, rue de la Victoire.

DÉSIGNATION

TABLEAUX ANCIENS
ET MODERNES

1 — ALAUX (J.-P.). La Cascade de Tivoli . . . .

2 — ALAUX (J.-P.). Fontaine dans un paysage boisé . . .

3 — ANDRIEU (J.-P.). Les Saintes Femmes au tombeau. .

4 — BARYE (A.-L.). Forêt de Fontainebleau. . . . .

5 — BELLANGER (Georges). Moissonneurs près d'un hameau . . . .

6 — BERTHON (N.). Un Coin de village. . . . .

7 — BERTIN (F.-E.). La Rentrée du troupeau . . . .

8 — BONVIN (F.). Religieuse dans une chapelle. . . . . .

9 — BOUDIN (L.-E.). L'Après-midi sur la plage. . . . . .

10 — BOUDIN (E.). Sur la plage . . . .

11 — BOUDIN (E.). Sur la plage à Trouville . . . .

12 — BOUDIN (E.). La Promenade sur la plage . . . . . .

13 — BOUDIN (E.) Au Bord de la mer ; après-midi d'été . .

14 — BOUDIN (E.). Trouville : la Plage . . . .

15 — BOUGUEREAU (A.-W.) Portrait du peintre Brandon .

16 — BOULANGER (Louis). Jeune Grec . . . .

116 — ECOLE FRANÇAISE. Portrait d'Homme. . . . . . .

117 — ÉCOLE FRANÇAISE. Paysage. . . . .

118 — ÉCOLE FRANÇAISE. Martyre de saint Étienne . . .

119 — ÉCOLE FRANÇAISE. Buste de Jeune Homme. . . .

120 — ÉCOLE FRANÇAISE. Sentier dans une clairière. . .

121 — ÉCOLE FRANÇAISE (vers 1820). Portrait d'un Peintre
et de sa mère . . . .

122 — ÉCOLE FRANÇAISE. Buste de Femme. . . . . . .

123 — ÉCOLE FRANÇAISE. Fillette et chien. . . . . . .

124 — FONTALLARD (Camille). Diane au bain . . . . . .

125 — GARBET (Félix-Émile). Une Réunion . . . .

126 — GAUTIER (A.). Religieuse dans un jardin . . . . . .

127 — GAUTIER (A.). Religieuse assise près d'une table. . .

128 — GAUTIER (A.). Nature morte : Œufs dans une poêle
et pommes . . . .

129 — GAUTIER (A.). Une Religieuse. . . . .

130 — GRANET (F.-M.). Stella, peintre français, dans les
prisons de Rome. . . . .

131 — GRANET (F.-M.). Intérieur d'église . . . .

132 — GRANET (F.-M.). Dans les Catacombes de Rome . .

133 — GRANET (F.-M.). Intérieur d'une salle de police à
Aix-en-Provence . . . .

134 — GRANET. Intérieur de couvent. . . . .

135 — HAL (J. Van) (École flamande). La Toilette de Vénus.

*

136 — HEIM (F.-J.). Portrait de M. de Salvandy. . . . . . .

137 — HEIM (F.-J.). Sujets mythologiques . . . .

138 — HEIM. Sujets mythologiques. . . . .

139 — HÉREAU (J.). Vue de la Tamise, 1873 . . . .

140 — HÉREAU (J.). Paysage : Lande et lisière de forêt (Finistère). . . . .

141 — HÉREAU (J.). Troupeau de moutons et berger au bord d'une rivière. . . . .

142 — HOUBRON. Londres : l'Abbaye de Westminster . . .

143 — HUET (Paul). Cavaliers dans un site montagneux . .

144 — HULST (P. Van der). Bords de rivière. . . . .

145 — HULTON (W.). Le Jardin des Tuileries . . . .

146 — INCONNU. Vue panoramique d'une ville. . . . . . .

147 — INCONNU. La Charité romaine . . . .

148 — INCONNU. Portrait d'Homme . . . .

149 — INCONNU, Buste d'Homme . . . .

150 — ISABEY (E.). Bords de la Méditerranée : un Fort défendant la côte . . . .

151 — ISABEY (E.). Marine, soleil couchant . . . .

152 — LAFAGE-LAUJOL (G. de). La Forêt en hiver . . . .

153 — LAFAGE-LAUJOL (G. de). Paysage. . . . .

154 — LEBOURG (A.). Vue du port d'Alger . . . .

155 — LÉPINE (S.). Paris : la Butte Montmartre . . . . . .

176 — SEGHERS (Attribué à D.) Fleurs : Roses et chèvrefeuille ....

177 — STEEN (Attribué à JAN). La Pipe cassée . . . .

178 — TASSAERT (O.). La Tentation de saint Antoine . . . .

179 — TASSAERT (O.). Épisode de la bataille d'Azincourt :
la Mort du Duc d'Alençon (1415). . . . .

180 — TASSAERT (O.). Jeune Femme assise sur un lit défait. ....

181 — TASSAERT (O.). Portrait du peintre Pierre-Charles
Marquis. . . . .

182 — TASSAERT. Tête d'Enfant. . . . .

183 — TASSAERT (O.). Femme couchée tenant un verre de
vin . . . .

184 — THUILLIER (LOUISE). Maisons de pêcheurs au bord
de la mer. (Le Becquet, Manche). . . . .

185 — TROYON (C.). Sous-bois . . . .

186 — VERNIER (ÉMILE). Entrée de village. . . . .

187 — VIGNON (V.). Ferme aux environs de Pontoise . . . .

188 — VIGNON (V.). Le Vieux Chemin de Saint-Nicolas (Eure) ....

189 — VILLEVIEILLE (LÉON). Bords de la Seine. . . . .

190 — VILLEVIEILLE (LÉON). Rue de village . . . .

191 — VILLEVIEILLE (LÉON). Paysage d'été . . . .

192 — VINCENT (F.-A.). Les Pèlerins d'Emmaüs . . . .

193 — ZIEM (F.). Nature morte. . . . .

AQUARELLES ET DESSINS

207 — COROT (C.). Civita Castellana. . . . .

208 — COROT. Dante et Virgile . . . .

209 — DAUMIER (H.). Les Trois Joueurs. . . . .

210 — DAUMIER & BONVIN. 1° a) Pêcheur à la ligne . . . .

—   —   b) Tête de Femme. . . . .

—   —   2° Vase à décor de feuillage . ...

—   —   3° Les Fuyards . . . .

211 — DEBRAS (L.). Un Chemin en forêt . . . .

212 — DEBRAS (L.). Maisons au bord d'une rivière. . . . .

213 — DELACROIX (E.). Étude pour « Héliodore chassé du Temple ». (Eglise Saint-Sulpice.) . . . .

214 — DELACROIX (E.). Femme nue. . . . .

215 — DELACROIX (E.). Trois Études de Femme . . . .

216 — DELACROIX (E.). Lionne dévorant une proie . . . .

217 — DELACROIX (E.). Trois Études . . . .

218 — DELACROIX (E.). Étude d'Ange. . . . .

219 — DELACROIX (E.). Étude de Femme. . . . .

220 — DELACROIX (E.). Étude de costume albanais. . . . .

221 — DELACROIX (E.). Ange tenant un glaive . . . .

222 — DELACROIX (E.). Étude pour « La Liberté » . . . .

223 — DELACROIX (E.). Lionne marchant. . . . .

224 — DELACROIX (E.). Une Crypte. . . . .

225 — DELACROIX (E.). Allégorie. . . . .

226 — DESHAYES (Eug.). Le Marché à Pont-de-l'Arche . .

227 — DUFEU (F.). Portail d'église. . . . .

228 — DUTILLEUX (C.). Une Route à l'entrée d'un bois . .

229 — DUTILLEUX (C.). Paysage au coucher du soleil. . .

230 — ÉCOLE FRANÇAISE. Homme debout, tenant les
bras repliés au-dessus de sa tête . . . .

231 — ÉCOLE FRANÇAISE. Sujet mythologique. . . . . .

232 — ÉCOLE FRANÇAISE. Intérieur de chapelle. . . . .

233 — ÉCOLE FRANÇAISE. Cour intérieure d'un palais. .

234 — ÉCOLE FRANÇAISE. Paysage au soleil couchant. .

235 — ÉCOLE FRANÇAISE. Paysage aux environs de Spa .

236 — ÉCOLE FRANÇAISE (xviiie siècle). Femmes au bain.

237 — ÉCOLE FRANÇAISE (d'après Troyon). Paysan con-
duisant des bœufs. . . . .

238 — ÉCOLE FRANÇAISE. Jeune Femme accoudée à un
fauteuil et tenant une ombrelle . . . .

239 — ÉCOLE FRANÇAISE. Un Amateur . . . .

240 — ÉCOLE FRANÇAISE. 1° Femme assise, tenant un
chien sur ses genoux. . .

— 2° Femme debout, portant des
palmes. . . . .

— 3° Un Porte-Drapeau . . . . .

— 4° Femme debout, tenant un
rameau. . . . .

260 — INCONNU. Buste d'Homme . . . .

261 — JACQUEMART (J.). Vue de Paris pendant le siège. (1871) . . . .

262 — LECOINTE (J.). Vue de Rome . . . .

263 — LEPIC. Falaises sur la côte normande . . . .

264 — LEPIC. Marine . . . .

265 — LESSORE (J.). Un Carrefour à Vienne . . . .

266 — MILLET (J.-F.). Étude pour « la Mort et le Bûcheron »

267 — MILLET (J.-F.). 1° Étude d'Homme . . . .

    —   2° Enfant couché dans un lit . . . .

268 — MILLET (J.-F.). 1° Les Botteleurs . . . .

    —   2° Accessoires de meunerie : Sacs, van, baquet et rateau . . . . .

    —   3° Les Moissonneurs . . . .

269 — MILLET (J.-F.). 1° Deux Personnages . . . .

    —   2° Femme cousant . . . .

270 — MILLET (Jean-Baptiste). Une Ferme aux environs de Barbizon . . . .

271 — MILLET (Jean-Baptiste). Vaches paissant près d'une tour en ruines . . . .

272 — MILLET (Jean-Baptiste). Le Pré communal à Barbizon

273 — MILLET (Jean-Baptiste). Fillette donnant un morceau de pain à une mendiante . . . .

274 — PIETTE (L.). L'Église Saint-Maclou, à Pointoise . . .

275 — PIETTE (L.). Les Saules . . . .

276 — PIETTE (L.). Carrefour d'une ville en Normandie. .

277 — PIETTE (L.). Paysage à Saint-Léonard-des-Bois. . .

278 — PIETTE (L.). Effet de neige ; chasseur sur une route

279 — PIETTE (L.). Le Hameau . . . .

280 — PIETTE (L.). Un Verger normand . . . .

281 — PIETTE (L.). Chasseur près de la lisière d'une forêt.

282 — PISSARRO (C.). Paysage à la Roche-Guyon. . . . .

283 — ROUSSEAU (Th.). Forêt de Fontainebleau : Bûcherons se chauffant . . . .

284 — ROUSSEAU (Th.). Paysage . . . .

285 — SAINT-AUBIN (Attribué à A. de). Jeune Mère tenant sur ses genoux un enfant pour lequel une femme prépare un bain . . . .

286 — VALTON (E.). Marchand de marrons . . . .

287 — VOLLON (A.). Un Port de mer : Navire à l'ancre. .

288 — ZUBER (H.). Les Jardins du Luxembourg, soleil d'hiver. . . . .

289 — BRACQUEMOND (F.). Érasme.

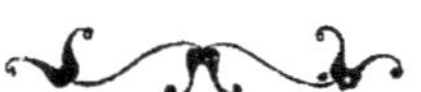

www.ingramcontent.com/pod-product-compliance
Lightning Source LLC
LaVergne TN
LVHW020851200726
843508LV00003B/1157